BEI GRIN MACHT SICH IHR WISSEN BEZAHLT

AF157075

- Wir veröffentlichen Ihre Hausarbeit, Bachelor- und Masterarbeit

- Ihr eigenes eBook und Buch - weltweit in allen wichtigen Shops

- Verdienen Sie an jedem Verkauf

Jetzt bei www.GRIN.com hochladen und kostenlos publizieren

Maximilian Stangier

Das Bildungssystem Brasiliens

GRIN Verlag

Bibliografische Information der Deutschen Nationalbibliothek:

Die Deutsche Bibliothek verzeichnet diese Publikation in der Deutschen National-
bibliografie; detaillierte bibliografische Daten sind im Internet über http://dnb.d-
nb.de/ abrufbar.

Impressum:

Copyright © 2008 GRIN Verlag, Open Publishing GmbH
Druck und Bindung: Books on Demand GmbH, Norderstedt Germany
ISBN: 978-3-640-82805-0

Dieses Buch bei GRIN:

http://www.grin.com/de/e-book/166606/das-bildungssystem-brasiliens

GRIN - Your knowledge has value

Der GRIN Verlag publiziert seit 1998 wissenschaftliche Arbeiten von Studenten, Hochschullehrern und anderen Akademikern als eBook und gedrucktes Buch. Die Verlagswebsite www.grin.com ist die ideale Plattform zur Veröffentlichung von Hausarbeiten, Abschlussarbeiten, wissenschaftlichen Aufsätzen, Dissertationen und Fachbüchern.

Besuchen Sie uns im Internet:

http://www.grin.com/

http://www.facebook.com/grincom

http://www.twitter.com/grin_com

Das Bildungssystem Brasiliens - Ausarbeitung

Referatsarbeit

Aus dem Seminar:

„Systeme der beruflichen Bildung im internationalen
Vergleich"

Autor:

Maximilian Stangier

2008

Inhaltsverzeichnis

1. Einleitung

Diese Arbeit stellt den schriftlichen Teil des Referates zur Bearbeitung und Vorstellung Brasiliens und seines Bildungssystems dar. Im Rahmen des Seminars „Systeme der beruflichen Bildung im internationalen Vergleich" stellte ich Brasiliens vor und möchte mit dieser Arbeit einen Einblick in die bildungspolitischen Tatsachen, Tendenzen und Probleme eines Staates vermitteln, der gegenwärtig einen gesellschaftlichen Wandlungsprozess von gewaltiger Dynamik durchläuft.

Von enormer Tragweite ist die Reform des Brasilianischen Bildungswesens. Sie gehört zu den größten Herausforderungen der brasilianischen Regierung in den vergangenen Jahren. Von wirtschaftlichen Problemen und der Politik in stetiger Krise einmal abgesehen, bleibt eines der vordringlichsten Probleme die Beseitigung des Analphabetismus. So wird, obwohl es eine allgemeine Schulpflicht gibt, momentan die Zahl der über 15-Jährigen, die nicht lesen und schreiben können, auf ca. 20 Mio. geschätzt. Es wurden zwar in den vergangenen Jahren Erfolge erzielt und z.B. die Einschulungsrate der 7 bis 14-Jährigen auf über 96% erhöht, dennoch werden im staatlichen Erziehungswesen weiterhin eine geringe finanzielle Ausstattung, Lehrermangel und die unzureichende Qualifikation vieler Lehrer beklagt (vgl. Auswärtiges Amt 2008, Länderinformation, Brasilien, Abschnitt Kultur- und Bildungspolitik). Somit erhält die Betrachtung des Bildungssystems zwei Dimensionen: Ideal und Wirklichkeit.

Allerdings, auch mit Blick auf den Umfang der Arbeit, muss eine allzu umfassende Analyse der Beziehung zwischen gesellschaftlicher Umwelt und Schulwesen unterbleiben. Diese Aufgabe ist in diesem Rahmen nicht zu bewältigen. Auch der geschichtliche Abriss kann in der Behandlung seiner Facetten nur sehr Oberflächlich geschehen, was Angesichts einer über 500 jährigen Geschichte nicht verwundern wird.

Aufgabe ist die Darstellung der Landeskundlichen Daten, einer Übersicht zur Geschichte Brasiliens sowie die Darstellung des Bildungssystems bzw. Schulsystems. Eine kurze Betrachtung von Ideal und Wirklichkeit findet sich im Anschluss, ist aber nicht Schwerpunkt der Arbeit.

Zu letzt soll das Berufsbildungssystem mit Hinblick auf strukturelle Gegebenheiten nach GREINERT eingeordnet werden.

Der Einfachheit halber wurde bei der Bezeichnung von Personengruppen die Form des generischen Maskulinums verwandt.

2. Allgemeine Landeskunde

2.1 Übersicht

Die Föderative Republik Brasilien (República Federativa do Brasil) bedeckt mit seinen 8½ Millionen Quadratkilometern die Hälfte von Südamerika. Dies bedeutet, um eine Vorstellung des Fünftgrößten

Landes der Erde zu bekommen, dass es 23,8-mal so groß ist wie Deutschland. Vom nördlichsten Punkt bis zum südlichsten an der uruguayischen Grenze sind es, ähnlich der Ausdehnung vom westlichsten Punkt bis zum östlichsten, 4300km. Das Klima ist der Region entsprechend Tropisch bis Subtropisch. Die Landschaft mit den ausgedehnten Regenwäldern des Amazonas-Tieflands im Norden und Hochebenen, sowie Hügeln und Gebirgen im Süden ist sehr unterschiedlich besiedelt. Etwa 90% der 189,9 Millionen Einwohner leben an der Ost- und Südküste Brasiliens, wo die Spanne der Bevölkerungsdichten von 20 bis 300 Einwohner/Km² reicht (vgl. Auswärtiges Amt 2008, Abschnitt Länderinformationen, Brasilien).

Hauptstadt ist Brasília mit 450.000 Einwohnern, größte Stadt des Landes ist São Paulo mit ca. 20,5 Mio. Einwohnern. São Paulo ist der größte Industrielle Ballungsraum in Brasilien mit im Übrigen auch rund 1000 deutschen Firmen im dortigen Großraum. Sie bilden die weltweit größte Konzentration deutscher Industrie-Unternehmen im Ausland (vgl. Generalkonsulat der BRD São Paulo 2008, Abschnitt Wirtschaft und Forschung).

2.2 Basis Daten

Bevölkerung: 189,9 Millionen, Wachstum 1,3% p.a.

Verwaltungsstruktur: 26 Bundesstaaten und ein Bundesdistrikt, über 5000
                          Gemeinden (municípios)

Bruttoinlandsprodukt: 1.445 Mrd. USD (2007)

BIP pro Kopf: 7.634 USD (2007)

(vgl. Auswärtiges Amt 2008, Abschnitt Länderinformationen, Brasilien)

2.3 Geschichtlicher Abriss

Im Jahre 1500 wurde Brasilien von dem Portugiesen Pedro Álvares Cabral entdeckt und für die portugiesische Krone in Besitz genommen. 1559 erfolgte die Gründung der ersten Hauptstadt, Bahia, und damit die planmäßige Kolonisierung des Küstengebietes (Bernecker et al. 2000, S.21ff). Zu einer ersten aber erfolglosen Unabhängigkeitsbewegung kam es 1789, welcher jährlich am 21. April, am „Tiradentes – Fest", im ganzen Land gedacht wird (vgl. Bernecker et al. 2000, S.122f). 1807 floh der portugiesische Hof vor Napoleon in die Kronkolonie Brasilien, welche dann 1815 zum Königreich erhoben wurde (vgl. Bernecker et al. 2000, S.127ff). Nach der Rückkehr König Johann VI. in seine portugiesische Heimat wurde sein Sohn, Prinzregent Pedro I., 1822 zum Kaiser ausgerufen und gekrönt, nachdem er unter dem berühmt gewordenen Ausruf – „Unabhängigkeit oder Tod!" – in São Paulo die Unabhängigkeit Brasiliens proklamiert hatte (vgl. Bernecker et al. 2000, S.136). Er dankte 1831 zugunsten seines Sohnes Pedro II. ab. Mit der Volljährigkeit regierte dieser als Dom Pedro II. das Imperium von 1840 bis 1889. 1889 rief eine Gruppe von Militärs die Republik aus und stürzte den Kaiser (vgl. Bernecker et al. 2000, S.157ff). Unter dem Marschall Deodoro da Fonseca wurde 1891 die Verfassung der „Repuplik der Vereinigten Staaten von Brasilien" verkündet (vgl. Bernecker et al. 2000, S.216) und 1917/18 nahm das Land auf der Seite der Alliierten am 1. Weltkrieg teil. Nach Wirtschaftlicher Krise kam 1930 Getulio Vargas durch eine Revolution an die Macht. Er regierte ab 1937 mit Hilfe einer geänderten, autoritären Verfassung. Seine Regierung hatte sich 1935 eines kommunistischen und 1938 eines rechtsradikalen Aufstandes zu erwehren. 1942 führte Vargas sein Land augrund amerikanischen Drucks gegen die Achsenmächte in den II. Weltkrieg. 1945 zwang ihn die Armee zum Rücktritt. Es folgte Präsident Dutra auf den Interimspräsidenten Dr. José Linhares. Im Jahre 1950 wurde Getulio Vargas erneut nach demokratischen Spielregeln zum Präsidenten gewählt. Das Bestreben der Armeeführung ihn abzusetzen veranlasst Vargas 1954 zum Selbstmord. Sein Nachfolger wurde Café Filho. 1956 folgte ihm der Erbauer Brasílias (heutige Hauptstadt Brasiliens mit mehr als 2Mio. Einwohnern), Juscelino Kubitschek de Oliveira. Dessen Nachfolger wurde 1961 Jânio Quadros, der bereits im August desselben Jahres zurücktrat und dadurch gegen seinen Willen Platz für seinen linksgerichteten Vizepräsidenten João Goulart machte. Dieser regierte bis zu seiner Abdankung nach der „Demokratischen Revolution" von 1964 (vgl. Bernecker et al. 2000, S.243ff). Von 1964 bis 1985 besteht eine Militärdiktatur. Die wichtigsten

Verfassungsgarantien werden außer Kraft gesetzt und per Verordnung wird ein Zweiparteiensystems eingesetzt sowie die Pressefreiheit eingeschränkt. Wirtschaft und Finanzen sind zum Ende dieser Zeit zerrüttet und es besteht eine Auslandsschuld von ca. 100 Mrd. USD, ca. 50 Mrd. USD Inlandsverschuldung und eine Inflation von 230% (vgl. Auswärtiges Amt, Länderinformation Brasilien, Abschnitt Geschichte; Bernecker et al. 2000, S.271ff).

Einen Wendepunkt in der Entwicklung des brasilianischen Schulwesens markiert das Jahr 1971. Es ergeht das Gesetz über Richtlinien und Grundlagen des Unterrichtswesens ersten und zweiten Grades, welches das alte System, es soll an dieser Stelle nicht weiter betrachtet werden, aufhebt und ein neues (siehe 3.) in Grundzügen installiert (vgl. Lenhard 1978, S.203f).

Seit 1985 fand eine sukzessive Wiederherstellung der Demokratie mit Duldung der Militärs statt, welche 1988 zur Verkündung einer neuen Verfassung führt. Dieser Verfassung dient im Übrigen auch ein neues Bildungsrahmengesetz auf das im späteren einzugehen sein wird. 1991 findet die Unterzeichnung der MERCOSUL – Verträge in Asunción statt. Ziel ist es, mit Argentinien, Paraguay und Uruguay einen gemeinsamen Markt zu bilden um eine Stabilisierung der jeweiligen Währung und Wirtschaft zu erreichen. Im gleichen Jahr muss Präsident Fernando Collor de Mello angesichts von Staatsverschuldung und Wirtschaftskrise den Staatsbankrott erklären. Brasilien ist von Korruption und Machtkämpfen, Todesschwadronen und Armut gebeutelt. Hinzu kommt das die Politik nicht in der Lage ist sich selbst zu kontrollieren. 1994 erfolgt eine Verfassungsreform nach der die Amtszeit des Präsidenten von 5 auf 4 Jahre verkürzt wird. Im selben Jahr gewinnt Fernando Henrique Cardoso die Präsidentschaftswahlen und tritt 1995 sein Amt an. Neben wirtschaftlicher Stabilisierung und Modernisierung des Staatsapparates ist die Bekämpfung der sozialen Ungleichheit Regierungsziel. Im Jahre 1998 erlebt Brasilien die Wiederwahl von Cardoso und eine Finanzkrise, welche die ohnehin schlechte Lage nochmals verschärft(vgl. Bernecker et al. 2000, S.298ff). Bei den Kommunalwahlen zu Beginn des Jahres 2000 verzeichnet die "Arbeiterpartei" (PT, Parteivorsitzender Luiz Inácio Lula da Silva) den stärksten Stimmenzuwachs. Bei den Präsidentschafts-, Parlaments- und Gouverneurswahlen 2002 gewinnt Luiz Inácio Lula da Silva die Präsidentschaftswahl im 1. Wahlgang. Beim Amtsantritt von Präsident Lula 2003 wird ein umfangreiches Sozialprogramm initiiert, welches für kontinuierlichen Wirtschaftsaufschwung sowie eine Konsolidierung der Binnen- und Außenwirtschaft sorgen soll. 2004 übernimmt Brasilien die Führung der VN-

Friedensmission in Haiti und somit erstmals international wieder Verantwortung. Ein größerer Korruptionsskandal 2005 (illegale Parteienfinanzierung, Stimmenkauf im Parlament) zwingt u.a. den Chef des Präsidialamtes J. Dirceu zum Rücktritt ("Mensalao-Skandal"). Im Oktober 2006 wird bei den Präsidentschafts-, Parlaments- und Gouverneurswahlen erneut da Silva wiedergewählt. Der Beginn seiner zweiten Amtsperiode 2007 ist geprägt vom Rücktritt des Senatspräsident Renan Calheiros wegen des Vorwurfs ungesetzlicher Finanzgeschäfte (vgl. Auswärtiges Amt 2008, Abschnitt Länderinformationen, Brasilien, Geschichte).

Brasilien blickt zurück auf eine Geschichte unkontinuierlicher Wirtschaft und den ständigen Wechsel politischer Strömungen, was sich nicht zu letzt auf die Bildungssituation auswirkt.

3. Bildungs- und Schulsystem in Brasilien

Wie bereits zu Anfang erwähnt, findet die Verfassung von 1988 ihre Umsetzung auch in einem neuen Bildungsrahmengesetz. Ein Problem nach der ersten Bildungsreform in Brasilien von 1971 waren keine festgelegten Lehrplaninhalte. Dies wird nun durch ein staatlich vorgegebenes Curriculum geändert, welches für die Einheitlichkeit der Unterrichtsinhalte sorgt (vgl. Lenhard 1978, S.207ff).

Das Bildungswesen unterliegt generell der Aufsicht des Erziehungsministeriums, finanziert und ebenso verwaltet werden die öffentlichen Pflichtschulen allerdings von den Kommunen und Bundesstaaten. Dies stellt Infrastrukturell ein Problem dar, da die einzelnen Kommunen nur sehr Unterschiedlich in der Lage sind Mittel zur Verfügung zu stellen. Momentan wird deshalb eine Dezentralisierung der Verwaltung angestrebt. Auf allen Bildungsstufen gibt es kostenlose öffentlichen Schulen sowie schulgeldpflichtige Privatschulen. Diese werden vorwiegend von der katholischen Kirche unterhalten.

Brasilien besitzt eine allgemeine Schulpflicht, welche im Gesetz über die Nationale Erziehung von 1971 festgelegt ist. Sie schreibt die allgemeine Schulpflicht von 7 bis 14 Jahren vor. In der Verfassung von 1988 ist der Abschluss der ersten acht Klassen unabhängig vom Alter verpflichtend. Das heißt konkret, egal wie alt der Schüler ist, er muss die Möglichkeit besitzen diese Vorgabe zu erfüllen. Wegen struktureller Probleme, größtenteils dünn besiedelten und verkehrsmäßig kaum erschlossenen Regionen des Landes, was den Schulbesuch erschwert oder unmöglich macht, kann die Pflichtschule dann auch im Rahmen der Erwachsenenbildung (Ensino Supletivo) oder in Ersatzschulen (Primarbereich ab 14 und Sekundarbereich ab 21 Jahren) zeitlich unbegrenzt nachgeholt werden (vgl. Lenhard 1978, S.207).

Das Schulsystem gliedert sich in Elementarbereich, Primar- und Sekundarbereich I, Sekundarbereich II und den Tertiärbereich.

Es zählt zum Elementarbereich die Kinderkrippe (Creche) für Kinder bis zu zwei Jahren, der Kindergarten (Escola Maternal) für Zwei- bis Dreijährige und die Vorschule (Pré-Escola) für Vier- bis Sechsjährige. In der achtjährigen kostenlosen Pflichtschule des Primar- und Sekundarbereichs I (Ensino Fundamental) für Kinder zwischen 7 und 14 Jahren sind die Primar- (Primário) und unteren Sekundarschulen (Ginásio) von jeweils vierjähriger Dauer zusammengefasst (vgl. Schaub 2000, S.110). Erreichen Schüler in dieser Zeit nicht den vorgegebenen Abschluss, haben sie die Möglichkeit an Ersatzpflichtschulen der Erwachsenenbildung, ab 14 bzw. 21 Jahren den Pflichtschulabschluss nachzuholen. Parallel zum normalen Unterricht beginnt im 7. und 8. Schuljahr die Einführung in die Berufsausbildung. Dies geschieht in Kursform und trägt dem Umstand Rechnung, dass Kinder in Brasilien ab 14 Jahren bereits einer Arbeit nachgehen dürfen und aus wirtschaftlichen Aspekten vielfach müssen.

Zugang zum Sekundarbereich II (Ensino Médio; im weiteren Sek. II) erhält wer eine Eingangsprüfung absolviert. Diese erlaubt den Zugang zu den dann schulgeldpflichtigen Schulen. Es ist allerdings beabsichtigt auch im Sek. II Schulgeldfreiheit zu ermöglichen. Der Sek. II gliedert sich in vier Teile. Die Allgemein bildende Oberschule (Ensino Médio Geral) bereitet in drei Jahren auf das Universitätsstudium vor, es gibt allerdings keine dem Abitur vergleichbare Abschlussprüfung zur Vergabe der Hochschulreife. Im berufsorientierten Teil der Sek. II führen die Berufsbildende Oberschule (staatlich oder privat) in drei Jahren und die Staatliche Technikerschule in vier Jahren zu einer Berufsqualifikation (Facharbeiter bzw. Techniker). Hier wird ebenfalls die Hochschulreife erlangt (vgl. Schaub 2000, S. 110).

Mit Fehlen einer Abschlussprüfung, wie es in Deutschland Vorraussetzung für das Abitur ist, muss der Zugang zu den Universitäten anders geregelt werden. Dies geschieht mit Hilfe einer Hochschulzulassungsprüfung, dem Vestibular. Unterschied ist also, das die Hochschulen die Zulassungsberechtigung vergeben und nicht die zuletzt besuchte Schule. Um diese zu bestehen verbleiben die meisten Schüler der Oberstufe noch ein Jahr im Sekundarbereich II, um sich in Vorbereitungskursen besser darauf einzustellen.

Die berufliche Ausbildung wird überwiegend außerhalb des staatlichen Schulwesens von privaten Berufsbildungsinstitutionen getragen. Ähnlich dem deutschen dualen System, besteht die Berufsausbildung aus einer Verbindung von Unterricht in Ausbildungszentren und betrieblicher Ausbildung im Sinne des Lehrlingswesens. Allerdings ohne Partizipation des Staates. Träger sind die, von Unternehmen finanzierten, Einrichtungen der großen Berufsbildungsorganisationen SENAI (Industrie), SENAC (Handel- und Dienstleistung), SENAR (Landwirtschaft) und SENAT (Transport). In den Händen dieser Träger liegen auch die Maßnahmen zur meist betriebsbezogenen Weiterbildung und Weiterqualifizierung.

Wie bereits erwähnt, ist Voraussetzung für den Zugang zu einer Universität oder fachbezogenen Hochschule das Bestehen der Hochschulzulassungsprüfung (Vestibular) (vgl. Schaub 2000, S.108f). Im sehr differenziert zu betrachtenden Hochschulbereich (Ensino Superior) gibt es von etwa 900 qualitativ hochwertigen Einrichtungen über 100 mit dem Status einer Universität. Neben diesen, nach europäischen Standards als etabliert geltenden Universitäten gibt es allerdings eine ganze Reihe Universitäten die zwar diesen Titel tragen, aufgrund von massiver Unterfinanzierung aber kaum Lehrpersonal haben, welches für eine gleich bleibende Qualität des Studiums garantieren könnte. Einen Mangel an Universitäten und Studienplätzen gibt es also nicht, es ist nur schwierig den Hochschulraum Brasiliens zu erfassen. 2.270 Hochschulen konkurrieren in ganz Brasilien um Studierende. Mehr als 5,3 Millionen Studierende waren im Jahr 2006 immatrikuliert und eine Million Studienplätze blieben unbesetzt. Insbesondere die privaten Institutionen höherer Bildung, die 75 Prozent der Studierenden aufnehmen, sorgen für ein Überangebot an Studienplätzen. An staatlichen Universitäten studieren etwa 30%, an privaten Universitäten etwa 20% und an Spezialhochschulen für einzelne Fachgebiete weitere 50% aller Studierenden. Im Jahr 2006 erhielten den Bachelor's Degree 717.858 Studenten, den Master's Degree 29.761 Studenten und es gab 9.366 Promotionen (Althoff 2007, S.108).

Die Ausbildung der Lehrer ist, mit Abstufungen, ähnlich der deutschen, wobei für die ersten sechs Schuljahre nur eine drei- bis vierjährige Lehrerausbildung im Sek. II gefordert wird. Von Lehrern für die letzten beiden Pflichtschuljahre wird ein Hochschulstudium verlangt. Lehrer für den Sek. II müssen in der Regel ein Hochschulstudium von acht Semestern nachweisen.

Im Zentrum der Erwachsenenbildung stehen Alphabetisierungsmaßnahmen und Angebote zum nachträglichen Erwerb von Schulabschlüssen, zu denen auch die

Ersatzpflichtschulen zur Erfüllung der Schulpflicht gehören (vgl. Schaub 2000, S.108ff).

4. Probleme im Bildungswesen

Die Probleme im Bildungswesen sind vielerlei Gestalt. Angefangen bei der vorschulischen Betreuung, besteht nach der neuen Verfassung zwar das Recht auf kostenlose Betreuung der Kinder bis zu sechs Jahren, jedoch sind Kindergärten und Vorschuleinrichtungen eher dünn gesät und dazu ist der überwiegende Anteil dieser Einrichtungen in privater Trägerschaft und damit kostenpflichtig. Dies stellt in einem Land in dem 63,5 Mio. Menschen unterhalb der Armutsgrenze leben ein Problem dar. Dies spielt auch in der Weiterführenden Bildung eine Rolle. So können nur etwa 15% eines Altersjahrgangs eine weiterführende Bildung aus finanziellen und sozialen Gründen in Anspruch nehmen (vgl. Schaub 2000, S. 110). Ein weiteres Problem sind nach wie vor die Nichterfüllung der Schulpflicht in ländlichen Gebieten und die Schulflucht in den großen Städten. In den dortigen Slums sind vor allem die vielen Waisenkinder ohne Familienanbindung und organisierte öffentliche Versorgung und erhalten dementsprechend auch keine schulische Ausbildung.

Dies Resultiert in einer immer noch sehr hohen Analphabetenquote. Mit Hilfe des Zehnjahresplans zur Bildung für alle (1993-2003), der von der UNESCO u. a. unterstützt wird, soll die Analphabetenquote erheblich gesenkt werden.

Ein weiteres Problem stellt die Unverbindlichkeit der Klassenstruktur in den Schulen dar. Die Anzahl der Wiederholer lag 1993 in den ersten fünf Schuljahren bei 20-30%. Regional unterschiedlich erreichen nur etwa 20-35% der eingeschulten Kinder den Pflichtschulabschluss (vgl. Schaub 2000, S. 110). Ein Teil von ihnen verlässt die Schule schon zwischen dem 4. und 8. Schuljahr, so dass die unter 14-Jährigen bereits 18% der Erwerbstätigen stellen. Dies ist letztlich auch Folge der, gerade in ländlichen Gebieten, immer noch unterentwickelten Wirtschaft und hoher Arbeitslosigkeit in urbanem Gebiet (vgl. Fritsche 2004, S.1ff).

5. Einordnung des brasilianischen Berufbildungssystem nach GREINERT

In Brasilien finden wir ein nationales Berufsbildungssystem vor, welches sich vor allem durch die Eigenart auszeichnet, dass es sich um in vielen Jahrzehnten gewachsene und immer wieder im Umbruch befindliche Strukturen handelt. Um sie analysieren zu können ist mit der Vorarbeit der Rahmen geschaffen für das Verständnis von geschichtlichem Hintergrund und politischem Umfeld. Die

Einordnung erfolgt im Normalfall in Makro- und einer Mikroebene. Im Falle Brasiliens beschränkt sich die Betrachtung rein auf das Makrosystem aufgrund der kaum festgeschriebenen und teilweise stark differenzierten Mikrosystemstruktur in Brasilien. Die Unterschiede sind zu groß als das sich pauschal eine Aussage über das Gesamtbild Brasiliens treffen lassen würde. Dies ergibt sich bei der Betrachtung der vorangegangen Kapitel.

Es bleibt die Bestimmung des Makrosystems. Kriterien für die folgende Einordnung ergeben sich aus den Fragen nach dem Ausbildungsniveau und dessen Prüfung, nach der Ein- oder Ausgliederung des Systems in das allgemeine Bildungswesen sowie die Zuständigkeiten sowie soziokulturelle Zustände Brasiliens welche bereits umfassend erörtert wurden.

Unter Berücksichtigung der Kapitel 3 und 4 ergibt sich bei abschließender Betrachtung folgendes: Brasilien hat nach seiner Verfassungsmäßigen Struktur ein **Kooperatives Modell** indem **Zentrum und Betrieb** die Ausbildung übernehmen. Zentrum im Sinne von zentraler schulischer Berufsausbildung und Betrieb im Sinne der vorgestellten Einrichtungen der großen Berufsbildungsorganisationen (vgl. Meier 2003, S.3f).

6. Quellen

- Althoff, Gabriele (2007): Bericht der Außenstelle des Deutschen Akademischen Austausch Dienstes – Rio de Janeiro. Online im Internez: AVL: URL: < http://www.daad.de/portrait/de/1.11.html> (Stand: 2007, Abruf: 18.05.2008)

- Auswärtiges Amt: Länderinformation Brasilien. Online im Internet: AVL: URL: <http://www.auswaertiges-amt.de/diplo/de/Laenderinformationen/01-Laender/Brasilien.html> (Stand: April 2008, Abruf: 16.05.2008)

- Bernecker, Walther L.; Pietschmann, Horst; Zoller, Rüdiger (2000): Eine kleine Geschichte Brasiliens, Frankfurt am Main

- Fritsche, Michael (2004): Bildungspolitik in Brasilien – Der erste Schritt ist getan, Länderbericht der Konrad Adenauer Stiftung. Online im Internet: AVL: URL: < http://www.kas.de/wf/de/33.4799/> (Stand: 11. Juni 2004, Abruf: 18.05.2008)

- Generalkonsulat der Bundesrepublik Deutschland – São Paulo: Wirtschaft und Forschung. Online im Internet: AVL: URL: <http://www.sao-paulo.diplo.de/Vertretung/saopaulo/de/05/Wirtschaft.html> (Stand: 2008, Abruf: 15.05.2008)

- Lenhard, Rudolf (1978): Das brasilianische Bildungswesen, Frankfurt am Main

- Meier, Martin Hennig; Spreth, Günther (2003): Beschreibungen beruflicher Bildungssysteme im nationalen und internationalen Kontext. Online im Internet: AVL: URL: < http://www.hsu-hh.de/debo/index_cMfSlhlEiLXnQ0GX.html> (Stand: 2008, Abruf: 01.06.2008)

- Schaub, Horst; Zenke, Karl G. (2000): Wörterbuch Pädagogik,5.Auflage, München